Ein junger Mann fragte Wolfgang Amadeus Mozart, wie man es anstellen soll, eine Symphonie zu schreiben.
„Sie sind noch jung", meinte Mozart, „fangen sie doch mit Liedern an!" „Aber Sie selber haben ja schon mit zwölf Jahren Symphonien geschrieben!"
„Gewiss, gewiss", entgegnete Mozart. „Aber ich habe nie gefragt, wie man das anstellen soll."

Quelle unbekannt

Pilot Projekt Ninja

Dominik Born

Impressum

Bibliografische Information der Deutschen Nationalbibliothek:
Die Deutsche Nationalbibliothek verzeichnet diese Publikation in der Deutschen Nationalbibliografie; detaillierte bibliografische Daten sind im Internet über http://dnb.dnb.de abrufbar.

© 2013 Dominik Born
Alle Rechte vorbehalten

Mit der männlichen Form ist auch die weibliche gemeint.

Illustration: James_Illus, http://fiverr.com/james_illus
Layout: Nathan Grieder, www.granate.ch
weitere Mitwirkende: Isabelle Born, Patrik Tschudin und Marcel Baur

Herstellung und Verlag: BoD – Books on Demand, Norderstedt
ISBN: 978-3-7322-8946-2

Inhalt

Agieren statt parlieren 7

Warum Ninja? 10

Warum Pilotprojekte oder Prototypen und
nicht gleich ein Projekt? 11

Wie erkenne ich, dass ich ein
PilotProjektNinja bin? 14

Die zwölf Stufen zum PilotProjektNinja. . . . 17

Stufe 1: Der Geistesblitz 18

Stufe 2: Die Gefolgschaft 22

Stufe 3: Kampf mit dem Papiertiger. 25

Stufe 4: Der Mammon 28

Stufe 5: Die Waffenkammer 30

Stufe 6: Die Vernunft 32

Stufe 7: Unsichtbarkeit 36

Stufe 8: Rhetorikattacken abwehren. 38

Stufe 9: Lästerspirale verlassen. 42

Stufe 10: Übung macht den Ninja 45

Stufe 11: Missionsablauf - Die Phasen
eines PilotProjektNinjas. 50

Schritt 12 - Der PilotProjektNinja - Meister! 54

PilotProjekt - und jetzt? 56

Dank. 61

Autor 62

Agieren statt parlieren

Wir leben in einer Zeit, in der keine Party vergeht, an der wir nicht gefragt werden was wir denn so tun. Beruflich. Alles dreht sich heute um den Job. Dass sich der Mitarbeiter in seiner Freizeit über seine Arbeit Gedanken macht, ist inzwischen Grundanforderung. Die Möglichkeiten - und auch der Druck - sich im Job voll zu entfalten, waren noch nie so gross wie in der heutigen Zeit. Trotzdem, oder vielleicht gerade deshalb, sind viele beruflich unzufrieden oder sogar frustriert.

Wer mit Herzblut der Arbeit nachgeht, hat Lust auch in seiner Firma etwas auszuprobieren oder zu verbessern. Ich beobachtete schon oft, wie in einer Zweier- oder Dreierrunde beim Feierabendbier eine Idee entstand, die alle so begeisterte, dass sie sich dermassen ins Feuer redeten, dass ihre Phantasie höher flog, als Felix Baumgartner je runtersprang... Doch wenn dann diese Idee dem Arbeitgeber, Abteilungsleiter etc. vorgestellt wurde, zogen betonschwere Hinderniswolken auf: wenig Budget, rechtliche Hindernisse, firmenpolitische Ängste, knappe Personalressourcen oder mangelnde Risikobereitschaft verhagelten das Ideenpflänzlein.

Nun ist es aber zu spät. Sie mögen die Idee und Sie haben auch keine Lust das Ganze über Bord zu werfen. Sie wollen Ihre Idee umsetzen.
Doch wie sollen Sie Leute überzeugen, wenn Sie erst die Idee haben und nicht wissen ob diese funktioniert und was da alles noch auf Sie zu kommt?

Der kompromisslose Haudegen würde den ganzen Mut zusammennehmen und sich dann mit der Idee selbständig machen. Allerdings funktionieren gewisse Ideen nur in einem bereits bestehenden Betrieb. Wenn ich eine Idee für eine neue Radiosendung habe, mach ich ja auch nicht gleich eine neue Station auf.
Vielleicht ist die Idee nur inkrementeller Natur und somit einfach eine Verbesserung von bestehenden Abläufen?

Die erstbeste Antwort wäre also die, die auch in vielen Innovationshandbüchern steht: „Die Firma muss sich zur Innovation bekennen und diese Haltung muss durch die Geschäftsleitung getragen werden!"
Was aber, wenn nicht das ganze Haus 20 % Arbeitszeit zur Verfügung hat, eigene Ideen umzusetzen. Was, wenn es kein Gratis-Sushi gibt wie bei gewissen Internetgiganten? Was, wenn der Laden sich nicht bewegen will, und auch agiles Projektmanagement bis zur Unkenntlichkeit im Sumpf der Jahresplanung ersäuft? Was, wenn Sie nicht Geschäftsleitungsmitglied sind oder gar die Präsidentin der Holding?

Dann sind Sie eigentlich auf ihrer Position genau richtig. Denn Revolutionäre werden nie ein Land regieren, es sind immer die Politiker. Ausser vielleicht in Kuba und dort kennen wir ja das Resultat. Und dasselbe gilt für Firmen.
Darum sind wir auch nicht dort, wo es etwas zu entscheiden, sondern dort wo es etwas zu verändern gibt. Und auch wenn das Commitment der Geschäftsleitung (gesagt ist bekanntlich noch schnell etwas) da ist, nützt es im täglichen Arbeitsumfeld herzlich wenig. Man will ja auch nicht als alte Petze auftreten, die beim kleinsten Wiederstand sofort zum CEO rennt.

Zum besseren Verständnis: Voll agiles oder turbodynamisches Handeln ist bei vielen Firmen gar nicht möglich, da auf sehr vieles Rücksicht genommen werden muss. Es kann sein, dass gewisse Dinge nicht gemacht werden dürfen (gesetzliche Beschränkungen), gemacht werden können (Budget, Zeitressourcen) oder nicht gemacht werden wollen (die Idee ist in den Augen des Entscheiders nichts Neues oder einfach warme Luft).

Die Gefahr aufzugeben und in komplette Lethargie zu verfallen, wächst mit jeder Ablehnung. Diese Lethargie verwandelt jede engagierte Person früher oder später in ein Innovationszombie und eine Vollbremse innerhalb der Firma, die bei jedem Verlassen der Komfortzone sofort laut „NEIN" schreit, wenn jemand eine unkonventionelle Idee hat.

Wie also sollte man sich verhalten, wenn etwas erreicht, ausprobiert oder vorangetrieben werden soll, ohne dass der Frust, ausgelöst durch die vielen Steine im Weg, direkt ins schwarze Loch führt? Wie ist zu vermeiden, dass man meint der einzige Weg sei, den Laden in die Luft zu sprengen oder zu künden?

Jetzt schlägt die Stunde des PilotProjektNinjas! (Hier bitte eine Fanfare pfeifen oder summen!)

Warum Ninja?

Laut Wikipedia[1] ist ein Ninja (zu Deutsch: der Verborgene) ein Partisanenkämpfer aus dem vorindustriellen Japan, der als Kundschafter, Spion, Saboteur oder Meuchelmörder eingesetzt wurde. Der Ninja schreckt laut der Legende nicht zurück, neue Waffen auszuwählen und zu gebrauchen, um seinen Auftrag im Untergrund auszuführen. Auch wenn er sich den Auftrag selber gegeben hat.

Aus diesem Grund ist das Bild des PilotProjektNinjas als Meuchelmörder - aus der Perspektive gewisser Personen im Betrieb - sehr zutreffend. Warum sonst bekämpfen die Innovationsverweigerer jede neue Idee mit solcher Heftigkeit? „Warum etwas ändern? Die Maschine läuft doch noch bis zum Wochenende?"

---

1 *(http://de.wikipedia.org/wiki/Ninja)*

Warum Pilotprojekte oder Prototypen und nicht gleich ein Projekt?

'Projekte' können alles sein. Die Spannbreite ist riesig. Projekte können selbstgestrickte Wollpullover oder ganze Staudämme sein. Bei Pilotprojekten und Prototypen geht es hingegen mehr um das Ausprobieren. Als Pilotprojekt bezeichnet man „allgemein Grossversuche oder Demonstrationsprojekte, die bei gesellschaftlich, wirtschaftlich und technisch risikobehafteten Entwicklungen vor die allgemeine Einführung gesetzt werden, um Fragen der Akzeptanz, der Wirtschaftlichkeit, des Marktpotentials und der technischen Optimierung im Feldversuch [...] zu erproben".[2] Jeder kann einen gestarteten Piloten anschliessend weiterverfolgen oder es bei einem Modell belassen.

Pilotprojekte und Prototypen sind in den meisten Bereichen vorzüglich geeignet, um Ängste zu überwinden und als Überzeugungswerkzeuge zu wirken. Bei neuen Ideen fehlen Zahlen und Statistiken meistens. An ihre Stelle treten Gefühle und Annahmen, im Guten wie im Schlechten.
Es ist schon passiert, dass Pilotprojekte kleine Wunder bewirkten und bisherige Bremser sich in Fans (oder wenigstens in Mitdenker) verwandelt haben.

---

2 *Klaus-Rüdiger Fellbaum: Telekommunikation von A bis Z - VDE Verlag Berlin - Seite 88*

Dass sich eine Firma bewegen muss wissen wir, seit Innovation so hip ist, dass bereits im Gemeindesaal Workshops dafür angeboten werden. Aber wirkliche Veränderungen hinzukriegen oder einmal etwas von der anderen Strassenseite anzuschieben, ist harte Arbeit und braucht viel Kraft. Also warum bewegen? Trotz der ganzen Hindernisse tauchen immer wieder Ideen auf, die einen packen. Zuerst muss Ihnen also klar sein, warum Sie nach vorne wollen. Klick hat es bei mir gemacht, als meine Frau mir folgende Geschichte erzählte:

Meine Frau arbeitete lange Zeit für ein grosses Warenhaus und reiste dazu oft nach New York. Dort kaufte sie zusammen mit Stilisten Artikel ein, welche anschliessend als Vorlagen für eigene Kollektionen dienten. Eines Tages ging sie wieder nach New York, um die neusten Trends zu erfahren. Der Verkäufer freute sich, erkannte er doch die Kundin aus der Schweiz sofort. Meine Frau bekam allerdings ein schlechtes Gewissen. Sie fragte ihn, ob er wisse, dass sie seine Artikel nur kaufen würden, um diese dann zu imitieren. Der Verkäufer erwiderte, dass ihm das schon klar sei. Er werde aber heute mit ihr den Umsatz von einem Monat machen und sie werde eigentlich 'alte' Artikel einkaufen!
Das Label seiner Firma arbeite bereits an der Produktion der übernächsten Kollektion. Nächstes Jahr werde meine Frau wieder bei ihm einkaufen müssen, um die Entwicklung mitmachen zu können.

Aus dieser Anekdote meiner Frau lernte ich: Wenn die Forschung und Entwicklung des Anbieters in die richtige Richtung geht, wird das ausländische Warenhaus mit der goldenen Kreditkarte jedes Jahr erneut auf der Matte stehen. Sie wird einmal mehr die Ladenhüter aufkaufen und so die Entwicklung der neuen Kollektionen finanzieren. Eine Firma muss sich also entscheiden: Will sie kopieren oder kapieren? Beides hat seinen Reiz, das Kapieren ist mir persönlich aber sympathischer.

Ich möchte kapieren, also verstehen, warum sich etwas dreht. Wenn ich es schaffe, einen Erfolg zu landen, möchte ich mich anschliessend auch nicht ständig selber kopieren müssen, um das Werk weiterzutreiben. Mich zu wiederholen oder langweilig zu werden, kann ich vermeiden, wenn ich die Gedanken, die mich zum ersten Produkt geführt haben, weiterdrehe.

Firmen mit viel Kapital können es sich leisten, die Innovationsabteilung einzusparen und die neusten Trends einfach einzukaufen. Einen richtigen Hit zu landen, wird dann aber schwieriger. Vielleicht will ihre Firma ja gar keinen richtigen Hit landen, sondern ist mit dem Aufwärmen zufrieden? Vielleicht möchte sie alles, nur bloss kein Risiko eingehen? Oder wie es Ludwig Börne[3] sagte: „Das Geheimnis jeder Macht besteht darin, zu wissen, dass andere noch feiger sind als wir."

---

3 Carl Ludwig Börne (1786-1837) deutscher Journalist, Literatur- und Theaterkritiker

Wie erkenne ich, dass ich ein PilotProjektNinja bin?

Wie erkenne ich, dass ich ein PilotProjektNinja bin?

Sie sind ein emotionaler Mensch und verlieben sich in Ideen oder Dinge. Sie möchten gewisse Zustände ändern oder Neues ausprobieren. Sie machen sich Gedanken über ihre Arbeit, nicht weil Sie dazu beauftragt wurden oder auf das grosse Geld schielen. Sie können eben einfach gar nicht anders. Ihre Arbeit muss für Sie Sinn ergeben.
Die Grundlagen für ein gutes Pilotprojekt oder einen Prototypen sind gegeben, wenn Sie die typischen Merkmale der Verliebtheit bei sich feststellen:

- Sie würden die Idee am liebsten so laut es geht in die Welt hinausposaunen.
- Sie denken, bevor Sie einschlafen (wenn Sie das dann überhaupt noch können) an die Idee.
- Sie malen sich aus, wie die Zukunft aussehen würde, wenn die Idee funktioniert.
- Wenn Freunde Ihre Idee nicht so toll finden, sind Sie beleidigt.

Wenn Sie also verliebt sind in eine Idee, werden Sie früher oder später zur Tat schreiten wollen. Sie können einfach nicht mehr anders.

Das Problem ist aber, und das weiss jeder der schon einmal verliebt war, dass man gerade dann auch völlig schutzlos ist und eine rosa Brille auf der Nase trägt. Geniessen Sie das Verliebtsein, aber brennen Sie nicht gleich durch um die Idee in Las Vegas mit Elvis als Pfarrer zu heiraten.

Sie sollten ihre junge Liebe ein bisschen - und wirklich nur ein bisschen - distanzierter betrachten. Drücken Sie sachte auf die Spassbremse und versuchen Sie realitätsnah zu denken.

Und wie bei der jungen Liebe sollten Sie nicht gleich zuviel hineinpacken. Sonst erdrücken Sie das zarte Ideenpflänzchen.

Sollten trotzdem ablehnende Stimmen laut werden, hilft Ihnen die Energie, die Sie durch das Verliebtsein erhalten haben, weiter an der Idee zu arbeiten.

Die zwölf Stufen zum PilotProjektNinja

Wenn eine Idee geboren wird, ist der Weg zu ihrer Realisierung noch nicht komplett ausgeleuchtet. Die Stolperfallen und Hürden tauchen erst mit dem Gehen auf. Wenn wir also alles, was auf uns zukommen wird, bereits wüssten, würden wir vermutlich den Weg gar nicht gehen. Um aus Ideen Pilotprojekte oder Prototypen zu machen, bedarf es der richtigen Haltung - der Haltung eines Ninjas. Der Aussenwelt wird Ihre Vorgehensweise kopflos erscheinen. Für Sie entspricht sie aber Ihrer tiefsten Überzeugung.

Beginnen wir mit Ihrer Ausblidung zum PilotProjektNinja!

Stufe 1

Stufe 1:
Der Geistesblitz

Oft entsteht in Gesprächen mit Kolleginnen und Kollegen eine Idee, die es Wert ist, festgehalten und probeweise durchgedacht zu werden. Meistens aber driften, nachdem die Ideenglühbirne gerade erst angegangen ist, die Ideen für die Umsetzung bereits auseinander.

Sollte trotzdem das 'Ideen-Team' gemeinsam weitergehen, werden Sie irgendwann merken, dass Sie bereits Energie investieren müssen. Eventuell hat der Funke der Idee bei Ihnen was anderes ausgelöst, als beim Gegenüber. Jetzt müssen Sie sofort stoppen und kommunizieren, dass Sie die Idee nach Ihrem Geschmack weiterdenken möchten und Sie sich vorerst zurückziehen.

Wenn Sie die Idee nicht mehr loslässt und Sie nun entscheiden, das Ganze alleine durchzuziehen, kann Unmut entstehen. Ihre ehemaligen Brainstormingpartner fühlen sich ausgenutzt.

Oft stehen aber gerade die Leute, die bei der Idee Pate standen, für die Realisation nicht zur Verfügung. Oder sie sind einfach besser im Ideengenerieren, als in der Umsetzung. Auch wenn es beim Split der Gruppe zu wüsten Szenen kommt:

Wenn nur der belohnt würde, der die Idee gehabt hat, wäre unsere Welt nicht so, wie sie jetzt ist. Es ist kein Zufall, dass in der Schweiz auf Ideen keine Patente ausgestellt werden. Oder anders gesagt: Sie bedanken sich ja auch bei der Person, die Ihnen Ihre grosse Liebe vorgestellt hat. Dass aber die Liebe bei Ihnen geblieben ist, und dies über mehrere Jahre, liegt nicht an der Kontaktperson, sondern alleine an Ihnen und Ihrem Tun! Die Grundidee ist meistens schnell da. Aber: Die Idee ist im ganzen Verlauf nichts im Vergleich zum Ganzen!

Vielleicht hatten Sie auch selbst schon einmal folgendes Erlebnis: „Hey, das hab ich doch dem Typen erzählt und nun verkauft er das Ganze als seine Idee?" Da zuckt kurz der Bauch und Sie erwarten dann anschliessend die Nennung des Ideenspenders. Hier braucht es ein bisschen mehr Gelassenheit, denn die Idee ist ja wirklich erst der Ursprung und noch nicht das fertige Produkt. Und wenn der Typ noch nicht mehr als die Idee vorzuweisen hat, haben Sie immer noch die Möglichkeit, diese nun selber umzusetzen.

Darum braucht es nicht immer gleich alle Ideengeber im Boot. Oft ist es am besten, mit so wenig Leuten wie nur möglich zusammen zu sitzen und klar zu vereinbaren, wer den Lead übernimmt. Wenn zwei Lust haben zu führen, lieber separat zwei Piloten anstossen, als sich durch lange Diskussionen gegenseitig zu blockieren.

Vielleicht haben Sie Angst, die Sache alleine durchzuziehen? Oder Sie haben sich nicht nur in die Idee verliebt, sondern auch in das Team und die Zusammenarbeit? Dann wird es vermutlich länger gehen, da Sie jeden Schritt mit der Gruppe absprechen wollen. So funktioniert aber kein Verliebter oder Ninja. Wenn Sie also das Ding nicht selber drehen wollen, ist die Idee zu schwach oder das Team ist Ihnen wichtiger als die Idee.
Wenn Sie ein Team haben wollen, um des Teams Willen, gehen Sie in einen Verein oder kaufen Sie sich ein Hunderudel.

Wenn Sie aber den Lead übernehmen, suchen Sie sich eine Gefolgschaft die Spass und Energie hat.

Stufe 2:
Die Gefolgschaft

Natürlich werden Sie nicht immer alles alleine machen können. In meinem Fall brauch ich meistens jemanden, der die Idee in eine funktionierende Software überführen kann. Die restlichen Sachen biege ich irgendwie hin. Wenn also spezifisches Wissen gebraucht wird, das nicht innert nützlicher Frist erlernt werden kann oder Sie gar nicht das Interesse haben, es zu erlernen, müssen Sie auf Goodwill hoffen. Am besten arbeiten Sie mit reduziertem Budget. Wenn Sie nämlich

Stufe 2

in einem Auftragsverhältnis pilotieren möchten, brauchen Sie meistens zu viel Geld und sehr viel Vorwissen, das Sie eigentlich erst mit dem Piloten erlangen werden. Wenn Sie also gerade keinen Spezialisten im näheren Freundeskreis haben, der Ihnen hilft, werfen Sie die Suchmaschine an und durchforsten das Netz nach Fachleuten.

Leider hatte in meinem Bekanntenkreis niemand Zeit und ich zuwenig Geduld und Budget, um für diesen Ratgeber

PilotProjektNinjas Illustrationen zu zeichnen. Ich fand auf der Plattform Fiverr[4] den Illustrator James_Illus. Er kommt aus Vietnam. Ich hab ihn weder getroffen noch mit ihm geredet. Wir unterhalten uns schriftlich per Plattform. Ich beschreibe und zahle, er zeichnet und lädt die Bilder hoch. 15 Dollar pro Stück. Bei Fiverr gibt es noch andere Dienstleistungen. Zum Beispiel spricht Ihnen dort ein Herr aus England Ihr Erklärungsvideo in 'proper english'. Das einzige was Sie brauchen ist der Text und eine Kreditkarte.

Sie finden immer noch niemanden, der Ihnen helfen kann? Reduzieren Sie ihr Ziel und arbeiten Sie mit Dummies oder Skizzen. Oder versuchen Sie Ihre Idee bei einer Fachhochschule oder Universität zu platzieren. Eventuell hat ein Student Lust, mit Ihnen etwas zu entwickeln.
Aber Achtung. Bei Studenten und Freunden können Sie nicht den gleichen Druck aufsetzten, wie bei einer Auftragsarbeit. Sie müssen das Feuer beim Gegenüber von Anfang an spüren. Wenn es nicht da ist, dann lieber weitersuchen, als motivieren.

---

4 *Fiverr.com*

Stufe 3:
Kampf mit dem Papiertiger

Oft werden auf der Basis von Ideen Konzepte erstellt oder von der Leitung Papiere darüber erwartet. Also wird geschrieben, versucht zu überzeugen, das Blaue vom Himmel versprochen. Es werden zu tiefe oder zu hohe Budgets erstellt und am Ende dann eingereicht. Und es vergeht Zeit. Mit den vielen Buchstaben und Zahlen hat man die Idee in Haft genommen und meistens nur einen Weg aufgezeigt.

Aus diesen Gründen setze ich alles daran, einem starren Konzept aus dem Weg zu gehen, um flexibel zu bleiben in der Ausführung und nicht auf nur einen Weg fixiert zu werden. Ein starres Konzept wird wie eine Offerte behandelt. Die Umsetzung muss geliefert werden wie offeriert. Was aber, wenn sich herausstellt, das es ja gar nicht so geht wie beschriebenen? Ihnen fehlt die Erfahrungsbasis um eine Offerte zu erstellen. Sie haben das Projekt so noch gar nie gemacht. Und - Peng - sitzen Sie in der Konzeptfalle. Oder noch schlimmer: Sie trauen sich das Projekt nicht mehr zu.

Die Leute mit dem Budget wollen DEN Weg, den sicheren Weg, und nicht mehrere. Die Leitung nagelt das Ganze durch das Konzept auf den einen Weg und denkt nicht über weitere nach.
Ein Fehler ist auch, dass die Führungskräfte zu wenig konkret bestellen. Ein ‚Denken auf der grünen Wiese ohne Schere im Kopf' wird zwar gefordert, aber anschliessend die Idee abgelehnt, weil sie doch nicht nicht dem entsprach, was - unausgesprochen - erwartet wurde.

Stufe 3

Die beste Methode ist es, ausschliesslich die Vision bzw. Mission zu definieren, die das Pilotprojekt erfüllen soll. Und zwar in höchstens zwei Sätzen, nicht mehr. Die beiden Sätze dürfen aber nicht zu allgemein gefasst sein im Sinne von: „Das Ziel ist, dass wir neue Kunden gewinnen!" - Sondern so konkret wie nur möglich: „Wir entwickeln einen OnlineShop der 24 Stunden in 12 Städten ausliefert". Diese Vision müssen die Entscheider abnicken.

Sie, als PilotProjektNinja, müssen diese Vision nun richtig fühlen/verinnerlichen, damit Sie intuitiv handeln können, wenn neue Hindernisse oder Fragestellungen auftauchen. Die abgesegnete Vision muss Ihnen die Freiheit geben, so zu handeln, wie Sie es für richtig halten, so dass Sie sich nicht jedes Mal rückversichern müssen, ob diese Entscheidung richtig ist oder nicht.

Der Chefetage kann es ja egal sein, wie Sie mit einem abgesteckten finanziellen Rahmen das Flugzeug landen. Hauptsache die Kiste kommt am Stück auf den Boden.

Stufe 4:
Der Mammon

Wenn Sie mit viel Geld hantieren dürfen, macht das eventuell bei Freunden an der Party Eindruck. Es macht aber auch Ihren Job zur Hölle.

Kleinere innovative Ideen oder Pilotprojekte werden meistens versenkt, weil sie finanziell zu hoch gehängt wurden. Das Budget birgt das noch grössere Problem als das Konzept: Sie werden darauf festgenagelt. Wenn also der Etat zu gross ist, sind es auch die Erwartungen. Der Druck des erhofften 'Return on Investment' (coole Leute sagen ROI) wird viel zu gross sein bei zu hohen Summen. Und Fehler sind dann schon gar keine erlaubt. Aus diesem Grund plädiere ich dafür, so tief wie nur möglich zu budgetieren.

Ein Beispiel: Wenn Sie wissen, ab welchem Betrag es bei Ihnen in der Firma einen Steuerungsausschuss (die Kontrollinstanz) braucht, gehen Sie zwingend immer unter diese Kennziffer. Steuerungsausschüsse bedeuten Kraftverlust durch Papierarbeit. Sie bauen ja nicht eine komplette Produktionshalle. Sie wollen nur einfach mal spielen. Es geht um den Erfahrungswert, und ob daraus etwas entstehen kann. Versuchen Sie, mit den einfachsten Mitteln zu arbeiten.

Auch kann ich Ihnen versichern, dass Sie das Projekt nicht einfach so stoppen werden, wenn viel Geld und Zeitressourcen eingesetzt wurden. Sie werden es bis zum bitteren Ende durchziehen müssen und damit eventuell nicht nur das Geld verlieren, sondern auch Ihre Glaubwürdigkeit.

Mit einem kleinen Budget ersparen Sie sich viele schlaflose Nächte.

Stufe 4

Stufe 5

Stufe 5:
Die Waffenkammer

Statt hier eine unvollständige Liste aufzuführen, mit welchen Tools Sie am besten ans Ziel kommen, empfehle ich: Jede legale Art von Programmen und Werkzeugen ist erlaubt! Ganz im Sinne der Ninjas.

Es müssen nicht immer die professionellen Projektplanungstools sein. Ich hab mal eines gekauft und nach zweimal zwei Stunden wieder gelöscht. Ich wollte ja kein Atomkraftwerk bauen.

Oft genügt ein Kalender mit verschiedenen Farben für jeden Piloten, in dem die Meilensteine und Deadlines eingetragen sind. Oder, wenn Sie nach oben kommunizieren müssen, reicht ein ‚Logbuch' im Texteditor mit einzelnen Einträgen. Dieses können Sie per Cloudsynchronisierung einsehbar machen, damit Ihr Chef bei Bedarf die Informationen holen kann, die er braucht, um Sie zu unterstützen.

Folgende Spalten sollten reichen, damit das Reporting funktioniert.

- Projektname
- Status (planmässig, teilweise kritisch und kritisch)
- Projektstand,
- Nächste Termine
- notwendige Entscheide
- Kosten und Risiko

Wenn Sie dezentral in einem Team arbeiten, gibt es gratis OnlineTools zuhauf, um zu kooperieren. Werfen Sie einfach einmal die Suchmaschine an.

Wählen Sie das Werkzeug, welches Sie mit so wenig Energieaufwand wie möglich erlernen können. Also jenes Tool, das Sie am effizientesten vorwärts bringt.

Stufe 6:
Die Vernunft

Wer Feuer und Flamme ist für eine Idee, läuft Gefahr, sich daran die Finger oder ganz andere Körperteile zu verbrennen. Aus diesem Grund ist es wichtig, sich klar auf das Pilotprojekt zu fokussieren, und nicht gleich einen ganzen Innovationsprozess zu durchlaufen und damit die ganze Firma verändern zu wollen. Zum Innovationsprozess gehört auch die Markteinführung. Im Alleingang und mit wenig Unterstützung innerhalb der Firma bedeutet das den sicheren Untergang des Pilotprojekts. Und Ihren vermutlich auch.

Darum ist es ganz wichtig, dass auch Ihre Projektpartner sich im Klaren sind, dass es sich um ein Pilotprojekt handelt, und nicht um ein bereits fertiges Produkt. Wenn Sie es geschickt anstellen, kann der Pilot anschliessend in den Regelbetrieb übergehen. Aber dieser Anspruch sollte nie von Anfang an kommuniziert werden. Versprechen Sie so wenig wie möglich. Ich weiss, das ist manchmal nicht so einfach, da Sie gerne das Gegenüber mit Ihrer Euphorie anstecken und mit Ihrem Piloten die Sterne vom Himmel holen möchten. Bleiben Sie trotzdem wenigstens mit einem Bein am Boden. Wenn der Pilot abgeschlossen ist und Sie mehr erreicht haben, als vom Auftraggeber erwartet wurde, ist das viel besser als diesen zu enttäuschen.

Stufe 6

Mit einer klaren Kommunikation können Sie ebenfalls den Druck auf Ihre Schultern minimieren. Versprechen Sie so wenig wie möglich. In der Euphorie werden Sie eh schon genug versprechen, das Sie zu diesem Zeitpunkt noch gar nicht garantieren können. Eine Visualisierung eines Trilemmas[5] kann Klarheit schaffen. Das Trilemma funktioniert so: Sie haben drei Anforderungen, aber nur zwei können erfüllt werden. Die Drei zusammen haben also keine gemeinsame Schnittmenge, nur je zwei. Decken sie mit der Hand das nicht zu erreichende Ziel ab.

Beim folgenden Beispiel sind die drei Anforderungen: schnell, günstig und betriebssicher. Wenn etwas also schnell und preiswert sein soll, kann es nie betriebssicher sein. Und anders herum...

---

5 *http://de.wikipedia.org/wiki/Trilemma*

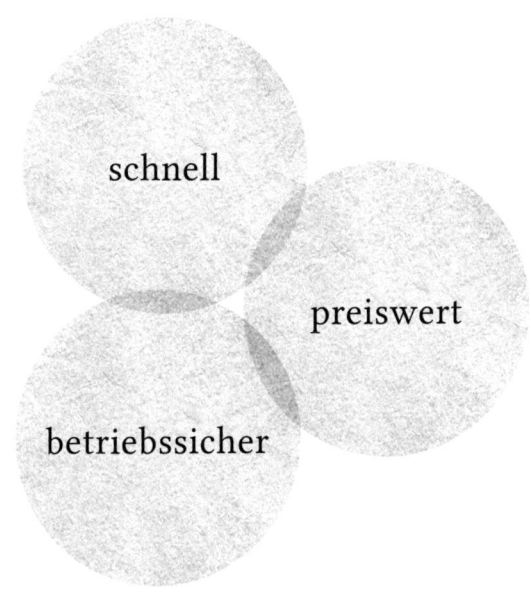

Trilemma

schnell, preiswert und betriebssicher - nimm zwei.
Sie können jedes einzelne Wort mit einem anderen ersetzen.

Stufe 7

Stufe 7:
Unsichtbarkeit

Nachdem Sie die Entscheider überzeugt haben, muss Ihr Projekt untertauchen. Der Untergrund schützt das spriessende Ideenpflänzchen vor zu vielen Augen. Oder in der Kriegsrhetorik: Vor zu vielen Raketen und Tretminen. Die kommen früh genug. Hundertprozentig!

Aber zuerst müssen die Grundfragen geklärt werden: Ist das Pilotprojekt technisch, politisch, rechtlich machbar? Was für einen Nutzen bringt es dem Kunden? Beissen Sie auf die Zunge und involvieren Sie so wenig Leute wie nur möglich, nach dem Motto 'trau-schau-wem'. So, wie Sie Spass hätten, die Idee rauszuposaunen, haben andere Leute ein Interesse daran, Sie zu bremsen oder durch petzen ins Gespräch zu kommen bei der Obrigkeit.

Oder, noch schlimmer, jemand erfährt von ihrem Projekt, das nach seiner Ansicht über seinen Tisch hätte gehen sollen. Nun würde er dem ja nie und nimmer mehr seinen Segen geben und darum stampft er energisch bei ihrem Chef im Büro den Teppich platt. Eventuell können Sie es mit einer Tafel Schokolade wieder hinbiegen, aber Kraft verloren haben Sie trotzdem.

In einer grossen Firma ist es nicht immer einfach im Untergrund zu bleiben und dann im richtigen Augenblick die Tarnung fallen zu lassen. Aber einen Versuch ist es Wert. Die 'U-Boot Taktik' spart viel Energie, die Sie für die Durchsetzung sowieso benötigen. Machen Sie sich ein Spiel daraus. Den passenden Soundtrack zu dieser Stufe finden sie auf SOMA.FM - Secret Agent[6].

---

6 *http://somafm.com/secretagent/*

Stufe 8

Stufe 8:
Rhetorikattacken abwehren

Wenn Sie finden, jetzt ist der richtige Zeitpunkt, um mit ihrer Idee raus zu gehen, werden Sie auf ablehnende Kommentare stossen. Gehen Sie davon aus, dass die meisten nicht mit bösem Willen ausgesprochen werden, oder um Ihnen zu schaden. Ihr Gegenüber ist einfach nicht gleich stark Feuer und Flamme wie Sie. Oder hat persönlich ein Problem mit Ihnen (fehlende Sympathie, mangelndes Verständnis, Sie sind nicht in der gleichen Hierarchie usw.). Lustigerweise kommen immer wieder die gleichen Phrasen:

- „Das hab ich vor 7 Jahren mal gesehen, das ist ein alter Hut" - Gegenschlag: „Dann waren Sie ihrer Zeit voraus!" Ein Bekannter von mir war am Anfang von Facebook auf der Seite und fand es ziemlich öde dort.

Es hatte nur 3 Leute aus der Schweiz, mit denen er sich austauschen konnte. Trotzdem würde er aus dieser Erfahrung heute nicht sagen, dass Facebook ein alter Hut ist oder das Ganze nicht funktionieren würde.

- „Wer macht das auch noch?" - Gegenschlag: „Soviel ich weiss, noch niemand. Das Risiko des Scheiterns haben wir mit dem niedrigen Budget bereits ausgeglichen". In der elektronischen Medienszene zum Beispiel ist es Mode, sich bei der BBC rückzuversichern. Hat die BBC das noch nie gemacht, taugt die Idee nichts. Eine Möglichkeit ist, dieses Spiel mitzuspielen und einfach bei möglichen oder ähnlichen Referenzfirmen zu recherchieren. Sie können auch versuchen, mit kleinem Budget die Angst zu minimieren. Oder sie können bewusst gleich die ganze Verantwortung übernehmen. Im Sinn von 'Wenn es in die Hosen geht, sind nur meine Hosen schmutzig'.

- „Leider ist das rechtlich, technisch, finanziell oder politisch nicht machbar" - Gegenschlag: „Das kann abschliessend so nicht gesagt werden, weil es noch nicht ausprobiert wurde".
Hier wird versucht, den Entscheid zu verlagern. Oder es wird ein Argument vorgeschoben, damit nicht über die Idee diskutiert werden muss. Oft wollen sich Führungspersonen nicht zur Idee äussern, sondern es wäre ihnen am liebsten der Rechtsdienst oder das Controlling würden ihnen die Entscheidung abnehmen. Dies können Sie vorbereiten und bereits mal unverbindlich recherchieren. Das reduziert die Wucht der Ablehnung und Sie gewinnen Zeit und vor allem Ansehen, weil Sie bereits weitergedacht haben.

- „Das ist nicht so einfach wie du denkst" - Gegenschlag „Ah, oh ok, wie wäre es dann einfach zu lösen?" und wenn auf Ihren Gegenschlag wieder eine Ablehnung kommt, haben Sie jemanden gefunden, der nicht aus seiner Komfortzone will. Bedanken Sie sich artig und verschwenden Sie keine Zeit mit Überzeugungsarbeit. Hier haben Sie einen Bremsklotz gefunden. Suchen Sie jemand anderen, der Ihnen helfen möchte, jemanden der auch Lust darauf hat, die Idee umzusetzen.

Nutzen Sie Ihre emotionale Intelligenz, um sich in das Gegenüber hineinzudenken, damit Sie die ablehnenden Feedbacks parieren können und nicht gleich beleidigt in den Angriff übergehen. Dazu brauchen Sie Distanz. Geholfen hat mir zum Beispiel das Buch 'Schwarze Rhetorik' von Karsten Bredemeier[7]. Manchmal muss auch auf der dunklen Seite argumentiert werden, um zum Ziel zu kommen.

Es gibt auch immer wieder Situationen, in denen Führungspersonen oder Gremien das Gefühl haben, sie können einfach den ganzen Tag nur entscheiden. Daumen hoch oder Daumen runter. Aus diesem Grund müssen Sie sich in diesen Situationen überlegen, ob Sie überhaupt einen Entscheid wollen oder ob Sie nur informieren.
Wenn Sie in einem Gremium einen Entscheid oder Unterstützung brauchen, müssen Sie unbedingt vor der Sitzung bereits Verbündete suchen und sammeln, die sich an der Sitzung für Sie einsetzen. Die Gefahr, vor aller Augen mit ihrer Idee frittiert zu werden, können Sie mit Vorgesprächen erheblich reduzieren.

---
[7] *Schwarze Rhetorik - Karsten Bredemeier - Goldmann*

Stufe 9

Stufe 9:
Lästerspirale verlassen

Emotionale Menschen neigen - wenig überraschend - auch bei der Arbeit dazu, emotional zu sein. Vor allem wenn sie ihren Job gern machen, ihre Firma mögen und ihr nur Gutes wünschen. Oder sie haben eine Idee und auch genug Energie diese gegen viele Widrigkeiten durchzusetzen. Wenn Sie Potential oder Gefahren sehen und Ihre Ansicht von oben her nicht geteilt wird, landen Sie früher oder später im Frustsumpf. Und dieser klebt stärker als Schweröl an der Küste.

Alleine frustriert zu sein ist nicht schön, aber mit anderen zusammen frustriert zu sein ist gefährlich und destruktiv. Am Anfang tut es gut, da Sie nicht alleine sind mit dem Frust. Gefühlt macht es einen wichtiger, wenn man mal so richtig ablästern kann. Es dauert aber nicht lange, bis Sie sich mit der anderen Person hochgeschaukelt haben, wie eine Gewitterwolke, die sich aber leider nie mit befreiendem Regen entlädt. Sie werden nur aufgewühlter und drehen sich endlos im Kreis, bis alles in einem schwarzen Loch mündet und Sie behaupten, in dieser Firma gehe eh nichts und nie werde das passieren, was Sie eigentlich möchten.

Ein einfacher Trick dieses Energieloch zu meiden, ist es zu erkennen, dass Sie sich im Kreis drehen! Wenn die Person mit der Sie ablästern, gar nicht so emotional drauf ist wie Sie, haben Sie Glück. Diese Person wird gelangweilt auf 'Desinteresse' umschalten und Sie bitten, das ganze Schlamassel aus der Distanz anzugucken.

Wenn diese Person aber ebenfalls frustriert ist und in die Spirale der Empörung einsteigt, müssen SIE versuchen auszusteigen. „Ich glaube wir drehen uns im Kreis und mir wird schlecht".

Emotionen sind wichtig, aber sie dürfen die Mission nicht behindern. Wenn Sie es nicht schaffen, sich emotional zu distanzieren, brechen Sie sofort ab und versuchen Sie, sich mit allen legalen Mittel wieder zu entspannen. Anderenfalls würden Sie nur mit dem Schwert fuchteln und am Schluss noch jemanden damit verletzen oder etwas zerstören, was Sie im Nachhinein bereuen. Darum sofort stoppen. Eventuell ist die Person, über die Sie sich so stark aufregen, gar nicht wichtig für ihr Vorhaben? Das erkennen Sie aber erst aus der Distanz.

Das Schlimmste was passieren kann ist, dass Sie vor lauter Frust nicht mehr verliebt sind in die Idee und nicht mehr genug Leidenschaft spüren, das Geplante durchzuziehen. Wenn Sie finden, Sie müssten die Emotionen drosseln, weniger Fokus auf diese Idee legen oder Sie hegen Zweifel, dann machen Sie es wie Verliebte: Gönnen sie sich ein Wochenende mit ihrer Idee in der Abgeschiedenheit, machen Sie eine Plus/Minus Liste, sprechen Sie mit Freunden über das Ganze. Und am Schluss: Hören Sie einfach auf Ihren Bauch.

Im Gegensatz zum Verliebtsein, können Sie die Idee in die Schublade legen. Vielleicht kommt die Energie später wieder oder ein anderes, motivierendes Umfeld und Sie können weitermachen.

Stufe 10:
Übung macht den Ninja

Vielleicht sind Sie bis jetzt intern nun doch nicht an die richtigen Leute geraten und niemand unterstützt Sie. Das ist zwar schade und wirft in Ihren Augen ein schlechtes Licht auf Ihre Firma. Doch vergessen Sie nicht, Sie haben immer noch die rosa Brille auf der Nase. Möglicherweise könnte es aber auch daran liegen, dass Ihr Netzwerk doch nicht so gut ist, wie Sie dachten.

Eine Möglichkeit ist, das Ganze wieder in den Rucksack zu packen und zu gegebener Zeit wieder zu zücken. Die andere wäre es, die Idee in Ihrer Freizeit zu realisieren. Knicken Sie den Wunsch, für ihre Arbeit am Projekt bezahlt zu werden und fokussieren Sie sich auf den Erfahrungsgewinn. Bis Sie in Ihrer Firma 'Innovation Super Officer' sind, kann es womöglich noch dauern.

Wenn Ihnen das nicht reicht, hören Sie auf zu stänkern, gehen Sie in die Kantine, bestellen Sie eine 'Latte' und geniessen Sie Ihre Komfortzone. Aristoteles soll mal gesagt haben: „Wer Sicherheit der Freiheit vorzieht, ist zurecht ein Sklave".

Wenn Sie aber bereit sind, Ihre Restzeit für Ihre Träume zu opfern, dann nichts wie los. Beginnen Sie mit dem Werkeln im Keller, Arbeitszimmer, Garten oder Garage.

Aber jetzt ja nicht das Gefühl bekommen, Sie müssten gleich künden um mehr Zeit zu haben! Erhöhen Sie den Druck nicht zu weit, in dem Sie ihr Schicksal davon abhängig machen. Bleiben Sie realistisch: Es geht nur um ein Pilotprojekt, eine angewandte Machbarkeitsstudie, die es anschliessend zum Anfassen gibt. Sie wissen noch nicht, ob es hunderprozentig funktioniert. Wenn Sie eine Möglichkeit sehen, einen Piloten ausserhalb ihrer Firma

Stufe 10

zu machen, finden Sie im Netz sicher Hilfe oder sogar jemanden, der bereits was Ähnliches versucht hat.
Lassen Sie Ihre Idee durch Crowdfundingplattformen anschieben. Dort finanzieren Interessierte, und somit zum ersten Mal adressierte Kunden, ihre Idee vor. Dies können Projekte im Kulturbereich sein, bis hin zu fixfertigen elektronischen Geräten. Auf diese Weise können Sie die Resonanz Ihrer ausformulierten Idee bereits auf einem Teilmarkt testen.
Eine gute Idee gilt es immer umzusetzen, denn sonst werden Sie später garantiert bereuen, es nicht wenigstens versucht zu haben.
Unsere Generation hat durch die digitale Vernetzung eine Chance erhalten, die uns nicht nur ermächtigt, sondern sogar dazu verpflichtet, tätig zu werden!
Ein sehr gutes Buch mit dem Titel 'Makers'[8] stammt vom ehemaligen Chefredaktor der Zeitschrift 'Wired' und jetzigem CEO von '3DRobotics', Chris Anderson. Darin wird sehr motivierend beschrieben, dass es nicht mehr die bekannte Industrie braucht, um ein Produkt zu entwickeln, um es auf den Markt zu bringen. Mit den neuen Möglichkeiten des Internets, gibt es also noch weniger Argumente, es nicht zu versuchen.

Ein Beispiel, wie aus einer Idee ein Pilot und anschliessend ein Resultat wurde, halten Sie gerade in Ihren Händen.
Am Anfang stand gar nicht die Idee des Buches im Vordergrund. Ich wollte einfach meine Gedanken bündeln und sammeln, damit sie nicht immer wieder mein Hirn blockieren. Mit der Zeit kamen immer mehr Zeilen hinzu und am Schluss merkte ich, dass ich an einem Ratgeber

---
8 Chris Anderson - Makers - Hanser Verlag

arbeitete. Ich hätte das Ganze auch als Blog starten können. Doch meine Stärke liegt im Reden und nicht im Schreiben. Und bei einem Blog muss auch ohne grosses Gegenlesen kommuniziert werden können. Das war mir und meinem Umfeld zu gefährlich. Also einen Podcast beginnen? Da hätte ich aber nicht die Illustrationen verwenden können, die mit der Idee des PilotProjektNinjas für mich immer wichtiger wurden.

Der erste Entwurf wurde durch meine Korrektoren komplett verrissen und ich fühlte mich bestätigt, dass es besser war, keinen Blog zu starten. Ich hatte ein wenig den Mut verloren, und das Ganze stand auf der Kippe. Um mich vom Schlachtfeld der Wörter zu distanzieren, habe ich mich tiefer mit den Illustrationen beschäftigt. Als der Designmotor angeworfen war und die ersten Zeichnungen auf dem Desktop lagen, hatte ich wieder genug Leidenschaft, um mich erneut an die Tasten zu wagen.

Nebenbei reservierte ich die Domain pilotprojektninja.com und pilotprojectninja.com und überlegte mir, wie ich das Ganze publizieren möchte. Die Lösung erschien mir nach kurzer Recherche ziemlich einfach: Dieser Haufen Buchstaben wird durch BookOnDemand[9] vertrieben, einer Plattform, die Bücher auf Abruf herstellt oder als Ebook anbietet, also ohne Verlag im traditionellen Sinn. Somit konnte ich an einem eigenen Ratgeber arbeiten, ohne dafür bei möglichen Verlegern die Klinke putzen zu müssen. Das Schreiben selber war bereits Herausforderung genug.

---

[9] www.bod.ch

Ich weiss nicht ob ich je wieder ein Buch schreiben werde. Aber wenigstens hab ich nun ein bisschen eine Ahnung wie das geht.

Ob ich während meiner Teilzeitarbeit ein Buch hätte schreiben dürfen, weiss ich nicht. In meinem Stellenprofil steht nichts von Autorentätigkeit. Diese Frage hat sich bei mir gar nicht gestellt. Ich wurde ja nicht angestellt um ein Buch zu schreiben.

Erwarten Sie also von Ihrem Job nicht die volle Flexibilität, diese haben Sie nur in Ihrer Freizeit.

Das entspannt schon mal mächtig.

Missionsablauf - Die Phasen eines PilotProjektNinjas

Idee Interesse Euphorie

Erfüllung

Durchziehen

Reflexion

Ernüchterung

Stufe 11:
Missionsablauf -
Die Phasen eines
PilotProjektNinjas

Die **Idee** steht am Anfang. Ob Hammeridee oder einfach warme Luft, aber es hat was und lässt einen nicht mehr los.

Interesse Wenn genug Leidenschaft vorhanden ist entsteht eine Vision. Die Vision bildet das Ziel für das Pilotprojekt. Der Pilot wird immer wieder auf seine Übereinstimmung mit der Vision überprüft.

Euphorie Hurra! Die ersten Versuche funktionieren und es macht sogar Sinn! Jetzt kann auch schon in etwa der Kostenrahmen abgeschätzt werden. Sie haben bereits genug Wissen, um eine erste Präsentation zu zeigen und auf Fundraisingtour zu gehen. Somit ist Ihr U-Boot aufgetaucht und bereit, zerschossen zu werden. Entscheiden Sie also, wo Sie Ihre Idee zeigen möchten. Eventuell reicht ein Abteilungsleiter ja bereits?

Ernüchterung Das ist die Montagsphase! Sie stehen mit ihrem Gefährt an der Ampel und der Motor funktioniert tadellos, er heult sogar auf. Es macht richtig Spass aufs Pedal zu drücken, aber sobald Sie den Gang einlegen und langsam das Kupplungspedal loslassen, stirbt der Motor ab. Die Räder im Getriebe greifen, aber Sie haben zuwenig Gas gegeben. „Das ist nicht so einfach wie Du denkst" fällt oder „ich kann dir leider nicht helfen, weil bis Ende Jahr sind wir voll bis unters Dach".

`Reflexion` Wollen Sie weitermachen oder nicht? Sie könnten sich nun prima in Ihre Komfortzone zurückziehen und auf die Leute zeigen, die Sie daran gehindert haben, das Projekt durchzuziehen. Sie haben eine prima Ausrede. Das macht aber ein Ninja nicht. Ausser ein verletzter. Wenn Sie also noch Kraft haben, ist jetzt die Zeit sich in den Zuschauerraum zu setzen und auf die Bühne zu schauen. Warum sind wir an diesem Punkt angekommen, an dem es nicht mehr weitergeht? War die Person, die abgesagt hat, die einzige im Haus oder auf der Welt die mir helfen konnte? Ist die Absage final oder gibt es parallele Funktionen / Abteilungen?
Lohnt sich ein Weiterziehen oder warten wir auf einen besseren Moment?

`Durchziehen` Wenn Sie im Zuschauerraum den Entscheid getroffen haben, jetzt wieder auf die Bühne zu gehen, gilt es neue Wege und Gefolgsleute zu finden. Bremser werden von Bord gestossen und Mitkämpfer ins Boot geholt. Glauben Sie an die Idee und ans Ziel! Jedes legale Motivationsmittel ist erlaubt. Es kann nämlich sein, dass Sie wieder in eine Frustphase rutschen. Dann gehen Sie einfach von der Bühne in den Zuschauerraum und analysieren von Neuem.

`Erfüllung` Das Pilotprojekt ist so, wie Sie es sich erhofft haben. Jetzt gilt es, alle die geholfen haben, zu loben oder einzuladen. Sie werden die Leute für das nächste Pilotprojekt wieder brauchen.

Stufe 12

Schritt 12:
Der PilotProjektNinja - Meister!

Sie zeigen Gelassenheit in der Situation des Sturms und haben genug emotionalen Dampf, um den Karren wieder aus dem Dreck zu ziehen. Verbale Attacken auf dem Weg zum Ziel können Sie parieren. Sie durchschwimmen das tosende Meer der Emotionen und können die entstandenen Wunden sogar selber heilen. Am Schluss haben Sie das Baby im Tuch und alle klopfen Ihnen auf die Schultern - oder doch nicht? Ihr Projekt wird als Errungenschaft von Ihrem Chef verkündet. Andere Leute gehen nun an die internationalen Kongresse und zeigen unter Applaus Ihre Arbeit oder stellen es einer internationalen Delegation vor. Lassen Sie den anderen den Spass. Was die nicht wissen, Sie aber schon: Früher oder später stehen diese Personen wieder bei Ihnen auf der Matte, weil Sie gerne nochmal so eine Idee hätten. Da sie bloss kopieren wollen und nicht kapieren. Wie der Hosenverkäufer aus NewYork können Sie getrost die vorletzte Kollektion verkaufen. Sie sind ja bereits zwei Hosen weiter. Der Rest ist Durchziehen! Und dass Sie das können, haben Sie mit dem Projekt bewiesen.

PilotProjekt –
und jetzt?

PilotProjekt - und jetzt?

Eigentlich haben Sie es ja schon immer gesagt: Das Teil funktioniert! Und nun werden sich plötzlich gewisse Bremser in Mitspieler verwandeln und auch ihren Teil vom Ruhmkuchen haben wollen. Den können Sie servieren und verteilen, mit Hämezuschlag oder ohne.
Um das Projekt weiterzuziehen, können Sie das Ganze abgeben oder weitermachen. Das ist ganz Ihnen überlassen. Was Sie aber wissen müssen ist, dass es jetzt leider an der Zeit ist, den 'Beta'- oder 'Vorsicht Test!'-Kleber von ihrem Pilotprojekt wegzunehmen und Sie sich tiefer verpflichten sollten. Nun können Sie mit gutem Gewissen den Aufwand abschätzen, um Ihren Prototypen in ein Produkt umzuwandeln. Statt sich nun aber gleich über einen BusinessPlan zu beugen und auch hier wieder das ganze in Grund und Boden zu planen, empfehle ich Ihnen, einfach mal den Gedanken aufs Wesentliche zu konzentrieren: Dreht die Businessmaschine?
Dazu gibt es ein hervorragendes Buch von Alexander Osterwalder und Yves Pigneur 'Business Modell Generation'[10] Es ersetzt zwar keinen Businessplan, aber Sie merken bereits beim Ausfüllen des Business Model Canvas, ob sich Ihre Idee in ein Geschäft umwandeln lässt oder nicht. Das Wichtigste ist auch hier wieder, die Distanz zu wahren und nicht einfach bei der Frage nach dem Käufersegment hinzuschreiben 'Die ganze Welt wird meine Idee lieben'. Bleiben Sie auch hier realistisch und schauen Sie sich nicht bereits nach einer Yacht in der Karibik um.

---

10 Osterwald & Pigneur - Business Model Generation -Campus Verlag

Neben dem Business Model ist es auch nicht schlecht, seine Idee in kurzer Zeit erklären zu können. Es wird immer wieder vorkommen, dass Sie während eines Apéros oder bei einem kleinen Gespräch auf dem Flur Ihre Idee unter die Leute bringen können. Statt eine Powerpoint Präsentation ausgedruckt und laminiert immer bei sich zu tragen (das langweilt alle - nicht nur ihre Chefs), können sie sich mit der NABC-Analyse von Curtis Carlson und William Wilmot[11] (Need, Approach, Benefit, Competition) prima vorbereiten.

Wenn sie also den Kundennutzen, das Alleinstellungsmerkmal, die Vorteile und Überlegenheit ihres Produktes gegenüber der Konkurrenz auf ein Papier bringen, können Sie das Ganze auch innert 45 Sekunden gescheit erklären.

Ich wünsche Ihnen viel Erfolg!

---

11 Curt Carlson and Bill Wilmot - Innovation: The Five Disciplines for Creating What Customers Want - Crown Publishing Group

Dank

Allen voran meiner Frau, Isabelle die mich immer sehr unterstützt. Uns verbindet mehr als nur die Liebe!
Unseren Kinder Laurin und Lilia, die mich auch manchmal zu Recht am Arbeiten hindern. Und auch meine Eltern Meinrad und Katharina Born und meine Geschwister Martin und Yvonne, die Einiges durch 'meine Projekte' in meiner Kindheit ertragen mussten. Auch möchte ich Patrik Tschudin für seine Hilfe beim Gegenlesen und seinen offenen Geist danken, Reto Hufenus für die stets positiven Auseinandersetzungen, Dominik Stocker und Marcel Baur für die Finger tief im Code und das agile Zusammenarbeiten.

Weiteren Dank, tief verneigend und nicht minder wichtig (alphabetisch aufgeführt):
Andreas Baumann, Ramon Bill, Richard Blatter, Thomi Brun, Adrian Bühler, Giuseppe Cassata, Gabriela und Ramon de Marco, Roger de Weck, Paolo Domeniconi, Heinz Gantenbein, Nathan Grieder, Simone und Daniel Heller - Andrist, Mike Imhof, Beat Jörg, Andreas Keller, Claudia Kempf, Alexander Krombholz, Urs und Cecile Kurth - Portmann, Ulrich Kündig, Jan Künne, Vivianne Laissue, Eliane Laubscher, Andreas Lattmann, Michael Lehner, Andrea Lutz, Nils Makaro, Bruno Marty, Adrian Müller, Lucius Müller, François Mürner, Kilian Pfister, Klaus Probst, Melina Roshard, Sascha Rossier, Robert Ruckstuhl, Jürg U. Schäffler, Pascal Scherrer, Peter Schibli, Eveline Senn, Adrian Sieber, Barbara Singer, Detlef Sold, Päivi Stalder, Marco Straubhaar, Amir Tabakovic, Lorenz Tschumi, Lukas von Niederhäuser, Samuel Vuillermoz, Isabelle Waser, Poto Wegener, Roland Weiss, Beat Witschi, Boris Zatko und allen Kaffeebauern, Winzern und Bierbrauern dieser Welt!

Autor

Dominik Born (1978, Basel - Schweiz), verheiratet und zwei Kinder

Also eigentlich hatte ich immer irgendein Projekt. Das erste richtige Medienprojekt war ein Schülerradio, das ich dank der Initiative von Giuseppe Cassata jeden Samstag in der Pause, zusammen mit Markus Schibler, per Gonganlage den Leuten um die Ohren hauen durfte. Nach der Schule kam die fixe Idee, ein richtiges Radio zu haben, das per UKW senden sollte. Da war ich 16 Jahre alt. 4 Jahre und etlichen Steine im Weg später, ging Koebec Radio 88.2 temporär auf Sendung. Die 4 Jahre hat es auch gebraucht, da ich nebenbei eine Berufslehre als Elektroinstallateur absolvierte.

1999 trat ich in die professionelle Medienwelt ein als Radiomoderator beim schweizerischen öffentlich - rechtlichen Rundfunk, der SRG SSR. Das Reden war mir aber nicht genug, und darum machte ich mich selbständig und startete Radioprojekte für Museen, Schulen und half sogar beim Medienaufbau im Kosovo mit. Weiter darf ich auch Mitglied des Vereins radiolab sein, der sich stark zum Ziel gesetzt hat, Radio nicht alleine dem Format zu überlassen.

Als Co-Geschäftsführer amtete ich zusammen mit Samuel Vuillermoz bei der mxlab ag (einer Tochtergesellschaft der SRG SSR) und betrieb die Musikplattform für Schweizer Bands mx3.ch (gestartet als dreimonatiger Test, als SpinOff ausgelagert, ist sie nun die grösste Musikplattform für Schweizer Musik). Weiter kreierte ich zusammen mit sehr lieben Leuten Projekte wie 'backstageradio.ch' und mx3.linear (Samuel Vuillermoz, Dominik Stocker und Nathan Grieder), das erste usergenerierte und userkontrollierte

DAB+ Radio bzw. Nachtprogramm auf SRF Virus, 4 Jahre nach der Idee umgesetzt), '8x15.' zusammen mit Eliane Laubscher (bei scharfem Szechuan entstanden, als Pilot gestartet, bei dem 8 Bands für 15 Minuten an einem Abend vor Publikum und TV Kameras spielen - bereits mehrfach wiederholt und kopiert), 'Radiowerkstatt' mit Mike Imhof (Schülerinnen und Schüler designen und bauen ihr eigenes Digitalradio mit einem 'DAB+ do it yourself Kit', 500 Kinder konnten am Schluss ein Radio mit nach Hause nehmen).
Andere Ideen, die leider nie ganz funktionierten, wie ein Konzert im Eisenbahnwagen oder eine 'Carte Blanche' im Nachtprogramm, warten noch auf den richtigen Moment, sie umzusetzen.

Jetzt arbeite ich Teilzeit bei technology and production center switzerland ag als Projektleiter der Unternehmens- und Organisationsentwicklung und schaue, dass Radio, TV und Internet schöne Kinder produzieren. Pilotieren und Prototypen sind nun also mein Beruf. Ein Pilotprojekt ist bereits auf der Welt: diy.fm - der erste öffentlich - rechtliche individualisierte Radioplayer (als Vision gestartet und nun ausgezeichnet mit dem Prix Europa - Best Online Innovation of the Year 2012). Weitere sind bereits als U-Boote unterwegs oder am auftauchen.

Ansonsten berate ich Firmen, Einzelpersonen, halte Vorträge und gebe gerne Workshops.

Wie Sie in 12 Schritten in einem Grossbetrieb - oder für sich alleine - als Partisanenkämpfer ein Projekt erfolgreich anreissen und durchziehen, auch wenn es mit vielen Unbekannten behaftet ist.

„Ich habe noch nie einen Ratgeber geschrieben. Wenn ich gewusst hätte wie aufwändig das ist, hätte ich auch nicht damit angefangen. Aber genau darum geht es: Packen Sie Ihre Idee, fangen Sie einfach mal an und werden Sie PilotProjektNinja."